* un petit livre d'argent *

# Les Trottinou

## Le Pique-nique des petites souris

*Cyndy Szekeres*
*Texte français de Catherine Delisle*

DEUX COQS D'OR

Papa s'est levé très tôt ce matin. Il a pris son petit déjeuner, et il a mis le linge à sécher. Il s'en va maintenant chercher des objets pour décorer la maison.

Grand-Frère et Grande-Sœur bâillent et s'étirent.
Petit-Trot' s'assoit dans son berceau.
Il attend un câlin.

Comme les petits Trottinou ont faim !
Ils mangent de bon appétit leur petit déjeuner.

Grand-Frère, Grande-Sœur et Petit-Trot' s'habillent.
Maman brosse leur fourrure.

Les petits Trottinou vont jouer dehors.
Pendant ce temps, Maman s'occupe du jardin.

Tout à coup, il se met à pleuvoir.
Les petits Trottinou s'abritent sous un champignon.
Ils chantent en attendant le soleil.
Grand-Frère chante : «  Meunier, tu dors. »
Grande-Sœur fredonne : « Frère Jacques. »
Petit-Trot' crie : « Joyeux anniversaire ! »

Le soleil revient. Maman étale le pique-nique sur le champignon. Des noisettes, du gâteau aux mûres ! Hmm ! Quel festin !

Les petits Trottinou jouent tout l'après-midi.
De temps en temps, ils aident leur maman.
« Voilà Papa ! » s'écrie soudain Petit-Trot'.
Papa rapporte de merveilleux objets pour la maison.

Le soir, Papa, Grand-Frère et Grande-Sœur préparent une délicieuse crème à la framboise. Maman fait de la couture. Petit-Trot' coupe du fil avec ses dents.

Les Trottinou se régalent :
le repas est délicieux !

Grand-Frère et Grande-Sœur prennent un bain bien chaud avant de se coucher. Ils jouent avec la mousse.

Petit-Trot' pleure, car il est fatigué.

Les petits Trottinou sont dans leur lit.
Papa leur raconte une belle histoire.

Les Trottinou s’endorment tour à tour :
d’abord Petit-Trot’,

puis Grand-Frère et Grande-Sœur.

Et enfin Papa et Maman.
La journée a été bien remplie !

Bonne nuit, les Trottinou !